Hacer conexiones:
el texto y yo / el texto y otros textos / el texto y el mundo

Haces conexiones al leer cuando algo en esa lectura te hace pensar en una cosa parecida. Puede ser algo que **viviste**, otra cosa que **leíste** o algo que **sabes** del mundo que te rodea.

¿Qué lees tú?

Lada J. Kratky

Yo leo un libro sobre un osito.

Yo leo un libro sobre un patito feo.

Yo leo un libro sobre tres cerditos.

Yo leo un libro sobre siete cabritos.

Yo leo un libro sobre un lobo feroz.

Yo leo un libro sobre un león.

Yo leo un libro sobre un flautista.

¿Qué libro lees tú?

¿Qué lees tú?
ISBN: 978-1-68292-525-6

© Del texto: 2017, Lada Josefa Kratky
© De esta edición:
2019, Vista Higher Learning, Inc.
500 Boylston Street, Suite 620.
Boston, MA 02116-3736
www.vistahigherlearning.com
www.santillanausa.com
Dirección editorial: Isabel C. Mendoza
Edición: Ana I. Antón
Dirección de arte y producción: Jacqueline Rivera
Montaje: Gráfika LLC

Imágenes: Cubierta: Melanie DeFazio / Shutterstock; pág. 5: sam74100 / iStock; pág. 6: parinyabinsuk / iStock; pág. 7: tatyana_tomsickova / iStock; pág. 8: tatyana_tomsickova / iStock; pág. 9: ucchie79 / Shutterstock; pág. 10: Oksana Kuzmina / Shutterstock; pág. 11: Suzanne Tucker / Shutterstock; págs. 12-13: Rawpixel.com / Shutterstock; págs. 14-15: alexandrum01 / iStock

Todos los derechos reservados.
Esta publicación no puede ser reproducida, ni en todo ni en parte, ni registrada en o transmitida por un sistema de recuperación de información, en ninguna forma ni por ningún medio, sea mecánico, fotoquímico, electrónico, magnético, electroóptico, por fotocopia o cualquier otro, sin el permiso previo, por escrito, de la editorial.

Published in the United States of America
Printed in USA.
1 2 3 4 5 6 7 8 9 GP 24 23 22 21 20 19

Aquí acaba este libro
escrito, ilustrado, diseñado, editado, impreso
por personas que aman los libros.
Aquí acaba este libro que tú has leído,
el libro que ya eres.